W0186231

Bild der Heimat Die Echt-Foto-Postkarten aus der DDR

Bild der Heimat

Die Echt-Foto-Postkarten aus der DDR

Herausgegeben von Erasmus Schröter,
mit einem Text von Peter Guth

Schwarzkopf & Schwarzkopf

Inhalt

Achtzig Prozent Sonne – Regen nie!

Die Bilder der Heimat waren schwarzweiß, wenn sie als Ansichtskarten mit Urlaubsgruß oder Geburtstagswunsch in den Briefkästen zwischen Rostock und Suhl landeten. Drehte man die Karte herum, dann standen dort auf der Rückseite (wenn nicht gerade von der grünen 10-Pfenning-Walter-Ulbricht-Standardbriefmarke verklebt) die Worte: Echt-Foto.

Die Postkartenproduktion der DDR bestand also zum größten Teil aus 10 mal 14 cm großen Schwarzweißfotografien. Sie bestechen bis heute durch einen großen Detailreichtum auf einem starken, strapazierfähigen Karton und sind meist erstaunlich gut erhalten, wenn ich sie in einer Wühlkiste auf dem Flohmarkt entdecke und als Trophäe nach Hause bringe.

Die im vorliegenden Band gezeigten Karten sind das Abbild meiner umfangreichen Postkartensammlung. Ich wähle die Motive immer mit dem Blick des Fotografen aus. Geografische Vollständigkeit fehlt ebenso, wie auch bestimmte Arten von Karten ausgeblendet werden. Das große Gebiet der Mehrbildkarten oder Abbildungen von Burgen, Schlössern und historischen Gebäuden gehören nicht zur Sammlung. Interessant sind für mich die Motive, die das Lebensgefühl der DDR-Epoche spiegeln.

Es existierte in der DDR eine große Zahl von privaten Postkartenverlagen und Produktionsgenossenschaften (PGH), die unter teilweise schwierigen Bedingungen die Herstellung von Echt-Foto-Postkarten betrieben. Nur einige seien hier genannt: Klautzsch-Verlag, Magdeburg / Verlag Setecki, Berlin / PHG Rotophot, Bestensee / Spornverlag Greiz / Neubert-Verlag, Karl-Marx-Stadt / Walter Werner-Verlag, Markkleeberg / Foto Hanich, Dresden / Graphokopie H. Sander KG, Berlin / Verlag Konsum FOKU, Magdeburg / Verlag Lichtbild Schincke KG, Zeitz / Dick-Foto-Verlag, Erlbach i.V. / Heldge-Farbfotoverlag KG, Köthen / Planet Verlag, Berlin / Gebr. Garloff KG, Magdeburg.

Der Verlag Bild und Heimat im Vogtland war der führende Produzent von Ansichtskarten in der DDR. 90 Prozent aller Karten wurden bei Bild und Heimat produziert. 116 Mitarbeiter sorgten in Spitzenzeiten für einen jährlichen Ausstoß bei den Schwarzweißfotokarten in einer Größenordnung von 25 bis 30 Millionen Stück. Die Mindestauflage pro Motiv waren 1000 Karten. Sie wurden als Bromsilberabzug auf speziellen Kopiermaschinen in Druckereien in Leipzig, Meiningen und Magdeburg hergestellt. Die Maschinen belichteten mit Bromsilbergelatine beschichtete Fotopapierrollen. Danach erfolgte das Entwickeln, Fixieren, Wässern, Trocknen und Beschneiden in automatischen Arbeitsgängen. Zum jahrzehntelang unveränderten Festpreis von 20 Pfennigen wurden sie verkauft.

Jedes Jahr schickte man viele freie und drei bis vier verlagseigene Fotografen los, um vorher festgelegte Motive in allen Teilen des Landes aufzunehmen. Pro veröffentlichtes Bild erhielten sie ein Honorar zwischen 15 und 40 Mark.

Auf einer Postkarte aus dem Jahre 1972 schrieb eine gewisse Gabi ihren Lieben: «Hier haben wir zu 80 Prozent Sonne, es regnet nie.» Das war gewiss auch das Motto der DDR-Ansichtskartenproduktion. «Hab Sonne im Rücken» war ein geflügeltes Wort unter den Postkartenfotografen. Trat dann doch mal der unerwünschte Fall ein, dass während der Aufnahmen keine Sonne schien, dann zückten begabte Retuscheure ihre Pinsel und malten herrliche Sommerwolken in die grauen Himmelsflächen. Bei genauem Hinsehen kann man sogar die einzelnen Maltalente an der jeweiligen Form ihrer Sommerbewölkung wiedererkennen. Fernsehantennen auf den Dächern wurden oft als störend empfunden und wegretuschiert. Vielleicht waren sie auch in der falschen Himmelsrichtung aufgestellt und kündeten vom Westfernsehempfang ihrer Besitzer. Der Rauch von Fabrikschornsteinen im Hintergrund wurde manchmal jedoch malerisch verstärkt. Rauchende Schlote galten als Fortschritts- und Wohlstandssymbole.

Im Laufe der Jahre entstand mit tausenden Ansichtskarten ein fast flächendeckendes Abbild der DDR. Dieses Bild unterlag natürlich wie alle anderen Drucksachen einer strengen staatlichen Kontrolle und Steuerung. Es gab «Druckgenehmigungsrichtlinien», die Abbildungen von Grenz- oder Sperrgebieten und militärischen Anlagen verboten.

Elbsandsteingebirge
1967

Den Fotografen wurde eingeschärft, möglichst keine Polizisten, alte Leute oder klapprige Vorkriegsautos mit aufzunehmen. Aber es sollten die «sozialistischen Errungenschaften» auf Ansichtskarten dargestellt werden.

So gibt es unzählige Karten, die frisch errichtete Plattenbausiedlungen selbst in entlegensten Ortschaften zeigen. Gerade diese Dokumente eines ungebrochenen Fortschrittsglaubens berühren heute auf merkwürdige Weise. Auffällig sind die großen unbewachsenen Brachflächen zwischen den Neubauten, auf denen sich manchmal einsame Radfahrer oder Frauen mit Kinderwagen bewegen. Autos gibt es kaum auf den Straßen. Einen Fotografen der damaligen Zeit fragte ich, wieso auf seinen Bildern immer das gleiche Auto zu sehen sei. Er sagte mir, das sei sein eigener Wagen, den er immer mit ins Bild stellte, um überhaupt ein Auto mit darauf zu haben. Von solch paradiesischen Zuständen können geplagte Architekturfotografen heute nur träumen, die alle möglichen Verrenkungen machen oder sogar begrenzte Parkverbote veranlassen, nur um ein Bild von einem Gebäude ohne störende Automassen zu bekommen.

Den Löwenanteil der Kartenproduktion bildeten aber die Motive der Urlaubsregionen der DDR, also besonders der Ostseeküste, des Thüringer Waldes oder des Harzes. Millionen Karten wurden verkauft, denn fast alle Bürger des Landes machten in Ermangelung anderer Ziele hier Urlaub. Besonders ans Herz gewachsen sind mir in meiner Echt-Foto-Postkartensammlung die ganz unspektakulären Motive: Campingplätze mit «Steilwandzelten» und davor abgestellten Motorrollern, kleine Waldseen mit Angelsteg oder einfach nur ein Stück Landschaft mit gemalten Sommerwölkchen. Schwarzweiße Idyllen, die es nicht mehr zu geben scheint. Zumindest würde niemand mehr eine Ansichtskarte davon machen.

Ich wünsche eine vergnügliche Entdeckungsreise in die Welt der Echt-Foto-Postkarte und damit in eine nicht sehr ferne Vergangenheit.

Erasmus Schröter

Echt-Foto

Ein Essay von Peter Guth

Echt gut, ey. Was heute «echt cool» und «echt geil» ist, war vor dreißig Jahren «echt gut». Später kam in der DDR «echt Spitze» dazu, die umgangssprachliche Aneignung der ewigen Phrase von der «Spitzenleistung». Das Wort «echt» übrigens ist viel verräterischer als das Wort «cool». Wer «echt» sagt, schließt den Mangel ein. Den Mangel an Echtem vor allem. In der «schlechten Zeit» (auch so ein Wort) war «echter» Bohnenkaffee das Größte. Und dann «Echt-Foto»! Karte für Karte vom Negativ gezogen. Handarbeit (oder das, was der Laie dafür hielt) galt wieder und immer noch als Wertarbeit. Das klang wie eine sehr gute Mischung aus Friedensware und Fortschritt. «Echt-Foto» schloss auch etwas von der Meisterschaft ein, die man selbst mit dem kleinen schwarzen, fast stromlinienförmigen Bakelit-Fotoapparat der Marke «Pouva Start» nie und nimmer zu Stande zu bringen in der Lage war. Da schied sich im Bewusstsein der ordinäre Fotograf vom Künstler. «Echt-Foto»-Postkarten gab es im Osten und im Westen. Wahrscheinlich setzte beiderorts das Bewusstsein ein, dass das Gediegene, das Unikate, das «Da-weiß-man-was-man-hat» der Vergangenheit anzugehören begann. Obwohl die Computer-Zeit noch in einiger Ferne lag, vermittelte «Echt-Foto» auch etwas vom Gefühl der Echtzeit: Die Aufnahmen wirkten nicht nur auf der Mitteilungsebene, sondern auch auf der Ebene des Bewahrens und Speicherns. Anders als Postkarten heute, die das Motiv viel mehr zum Symbol und Reflexauslöser machen, vermitteln «Echt-Foto»-Karten Authentizität.

Hinterlassenschaften

Wenn jemand stirbt, haben die Angehörigen ihre liebe Mühe mit dem Erbe. Zumeist gibt es Streit. Der eine versucht, den anderen über den Tisch zu ziehen oder zumindest doch ein kleines bisschen zu übervorteilen. «Der Tod bestärkt die edelsten Jefühle, un denn jibs Krach, von wejn die Lederstühle», sagt Tucholsky. Aber schlussendlich sind Konten, Haus oder Auto relativ leicht unter die lieben Nächsten zu bringen, denn es gibt gesetzliche Regeln. Was aber wird mit den Dingen, die sich nicht versilbern lassen? Was gar, wenn ein Staat das Zeitliche segnet? Dann bietet sich nur noch der Haushaltssperrmüll oder der Sperrmüll der Geschichte an. Was einmal Bedeutung hatte, erfährt eine rasante Entwertung. Und genau an dieser Stelle haben die ehrgeizigste Architektur und die simpelste Postkarte das gleiche Schicksal: Der Bau, um dessen Fertigstellung wackere sozialistische Brigaden verzweifelt rangen, weil wieder mal kein Materialnachschub eingetroffen war, erweist sich unter dem Blickwinkel von Geschossflächenzahl, Mieterschwund oder Stadtumbau nicht nur als unrentabel, sondern als verzichtbar. Die anfänglichen Hymnen – «Schwingender, winkelnder Gang,/ wie ein Triumph ohne Ende./ Seht der erhobenen Hände/ Jubel im Völkergesang!/ Name, den jeder kennt,/ Strahlender heute denn je:/ Straße – sein Monument! «Stolze Stalinallee!» – und die markigen Sprüche der späteren Jahre – «Unser Kampfziel ist die immer bessere Erfüllung der Hauptaufgabe!» – taugen plötzlich kaum mehr fürs Kabarett. Postkarten aus jenen heroischen Zeiten grüßen vom Flohmarkt herüber. Manche davon hat vielleicht jahrelang an irgendeinem Küchenschrank oder Büroschreibtisch geklebt. Die wahrscheinlich auf der ganzen Welt gleiche und gleichwohl entbehrliche Mitteilung, dass das Wetter schön und das Essen gut ist, entpuppt sich so recht erst im Wiederverkaufsmüll als Floskel. Spannend allerdings wäre die Untersuchung, in welchem Verhältnis die zwei wichtigsten Faktoren einer Postkarte zueinander stehen: Gruß und gewollter Neidfaktor. Man könnte meinen, zu Zeiten als Hochglanzkarten mit Sonnenauf- und -untergängen in Rimini oder Malibu aus einer anderen, unerreichbaren Welt stammten, war es schwierig, über das ausgesuchte Bildmotiv, das ja ohnehin bloß eine der beiden seitens der Obrigkeit abgenickten Standard-Ansichten der jeweiligen Städte oder Urlaubsorte war, den Neidfaktor zu aktivieren. Es ging trotzdem. Denn das karge Bild stand für die kleinen Ausbrüche aus dem Alltag: Ich bin im Urlaub. Ich bin auf Dienstreise. Wir haben eine neue Wohnung. Das alte Lied: Ich sehe was, was du nicht siehst ... Der Gruß kam an, und der Neid war geweckt. Das war nie und nirgends anders. Im Neid sind alle Systeme gleich.

Erinnerungen I

Jeder hat seine oder keine Erinnerungen, jeder sieht ein Foto zuerst mit seinem Erfahrungshorizont. Mit anderen Worten: Erinnerungen sind nicht übertragbar. Ein Mensch, der in Frankfurt am Main aufgewachsen ist, blickt auf eine Aufnahme seiner Heimatstadt völlig anders als auf ein Foto von Frankfurt an der Oder. Letzteres bleibt für ihn ein Stück Kultur der Aborigines. Und das nicht einmal, weil ihm etwa die Stadt gleichen Namens im Osten so gleichgültig wäre wie ein in China umfallender Sack Reis, sondern weil sich für ihn die Aufnahmen nicht individuell anreichern lassen. Keine Chance zur Konnotation, würde man heute sagen. Aber stattdessen geschieht etwas anderes. Die eigenen Erinnerungen, positive zumal, werden auf die fremde Situation projiziert. So wird plötzlich der Wiederaufbau des Römerbergs, der ohne die östliche Projektionsfläche immer als scheußliches Stück Disneyland empfunden wurde, vor der Frankfurt/Oder-Kulisse zur beispielhaften Stadtsanierung. Und so floss denn allmählich die schwäbische Häusle-Stilistik in die Landschaften zwischen Rostock und Plauen ein. Das funktioniert natürlich auch umgekehrt. Erinnerung, es kann nicht anders sein, ist immer Wertung, immer Filter des eigenen Erlebens. Ein Neubaugebiet im Osten ist eine Ansammlung von Wohnsilos, wenn man es vom Westen aus sieht. Für besagten Frankfurter (vom Main) blenden sich automatisch die Wohnsilos von München-Neuperlach, Hamburg-Steilshoop oder dem Berliner Märkischen Viertel aus dem Bewusstsein aus. Welche Unwirtlichkeit welcher Städte hat Alexander Mitscherlich eigentlich beklagt? Für den Frankfurter (von der Oder) waren entsprechend Halle-Neustadt, Rostock-Lüttenklein, Gera-Lusan oder Berlin-Marzahn halb so tragisch. Denn tatsächlich ist für beide etwas ganz anderes wichtig: Die Freude darüber, endlich die eigene Wohnung zu beziehen hat – im Osten wie im Westen – den Blick weitgehend getrübt. Der objektive Blick gehört ins Reich der Legende. Bedeutungen setzt das wirkliche Leben. Das berühmte «erste Mal», die erste Liebe, die erste Enttäuschung oder eben die ersten eigenen vier Wände sind weder an Gesellschaftssysteme noch an Architekturqualitäten gebunden.

Bild der Heimat I

«Unsre Heimat, das sind nicht nur die Städte und Dörfer,/ unsre Heimat sind auch all die Bäume im Wald,/ unsre Heimat ist das Gras auf der Wiese, das Korn auf dem Feld/ und die Vögel in der Luft und die Tiere der Erde/ und die Fische im Fluss sind die Heimat./ Und wir lieben die Heimat, die schöne./ Und wir schützen sie, weil sie dem Volke gehört,/ weil sie unserem Volke gehört.» Ein Pionierlied, ein wohltönendes übrigens, meldet den Anspruch an: Heimat ist alles. Der ganze Staat ist Heimat. Und hat von jedermann gefälligst auch so empfunden zu werden. Das war keine Frage des Sentiments, sondern eine Frage des politischen Standpunkts. Was das Kinderliedchen fast en passant mitteilt, ist der notwendige Schutz dieser Heimat. In Zeiten des kalten Kriegs lauerte der Feind überall. Er drohte nicht nur mit Bomben und Raketen; er schreckte auch nicht davor zurück, Flugblätter und Kartoffelkäfer abzuwerfen. Letzteres, nur zu durchsichtig, um die sozialistische Ernte ins Wanken zu bringen. Mit diesem Teil der Heimat kommt der Geruch von Armeesocken und vormilitärischer Ausbildung zurück, auch die Erinnerung an die nach sowjetischem Vorbild errichteten albernen Altäre aus Panzern und Düsenjägern, die Monumente des Schutzes der Heimat und der Wachsamkeit vorstellen sollten und dabei doch nur peinvolle Erektionen eines hohlen Pathos abgaben. Dieser Heimatbegriff forderte vom Einzelnen, der hier zuerst Staatsbürger war, zielgerichtetes Handeln, Verantwortungsbewusstsein, politische Loyalität. Offiziell konnte man dieser

Heimat nicht den Rücken kehren wie man etwa aus einem Verein austritt. Da gab es bloß das «illegale Verlassen», das prinzipiellen Verzicht meinte und «Republikflucht» hieß. Der offizielle Heimatbegriff, der auf das große Ganze abzielte und sich durch all die politischen Implikationen selbst desavouierte, lag meilenweit von dem entfernt, was der Einzelne als Heimat empfand.

Bild der Heimat II

Vielleicht hat es für manchen von außen so ausgesehen, und diese Postkarten schüren das Vorurteil, als sei das Leben im Osten irgendwie zwischen Goldbroiler und Intershop polarisiert gewesen. Aber, und das lässt sich wahrscheinlich von der Schwäbischen Alb genauso wie von Lappland sagen: Wo man geboren ist, wo man mit anderen die gleiche Sprache (oder den unsäglichen Dialekt) spricht, wo Vertrautheit herrscht, wo Freunde leben, wo die Dinge des Lebens passieren, ist Heimat. Und für dieses Gefühl ist perfektes Styling der Dinge nicht sonderlich wichtig. Heute werben Hiddensee und Rügen, Bansin und Heringsdorf mit allem nur denkbaren Luxus um Gäste. Was hatte man damals nicht auf sich genommen, um dort den Sommer verbringen zu können. Notquartiere hatte man ertragen und die permanenten Beleidigungen devisengeiler Kampfkellner. Es war deprimierend, aber letztlich nicht wichtig. Die Karte «Gruß von Hiddensee» verfehlte nicht ihre Wirkung und trieb den Neidfaktor nach oben. Heimat bedeutete für den Einzelnen ein Stück, war es auch noch so klein, eines alternativen Lebensentwurfs. Der konnte sich auch im Sammeln von Emailleschildern oder Samowaren ausdrücken. Oder in der Kultivierung des Dialekts: In Leipzig war es bei Intellektuellen eine Zeit lang Mode, sich in Gewandhaus-Sächsisch zu unterhalten – «Edkar, mache du die Gommote zu und kucke in der Karrage, obs Lichd aus is, pevor mir ins Gaparedd kehn!» Und es konnte die renitente Wahrnehmung eines Rechts sein, das im Westen, Friedensreich Hundertwasser sei Dank, Fensterrecht hieß und im Osten zu ewigen Debatten der puristischen Bautheoretiker führte: die Gestaltung von Loggien und Balkonen. Was da geschah, war meist abgrundtief scheußlich und aus Wagenrädern, Wellplastik und Bildtapeten zusammengezimmert. Eine Heimat in der Heimat in der Heimat. Diese Heimat, natürlich, die gelebte, kommt auf den Fotos nicht vor.

Fotografie

Die DDR-Fotografie lässt sich in drei Linien beschreiben. Da war einerseits eine fast konspirativ betriebene Fortsetzung der Fotografie der klassischen Moderne. Zu Zeiten, als über der Hinterlassenschaft der Bauhäusler der Bann des Formalismus schwebte, begannen Künstler wie der legendäre Metallgestalter Fritz Kühn, die Natur zu fotografieren. Aber nicht im traditionellen landschaftlichen Sinne, sondern mit Blick auf die Struktur. Und mit den natürlichen Strukturen hatte er clever und unentdeckt, wie in seinem Buch «Gottes harte Herrlichkeit», gleichsam ein Stück der verpönten abstrakten Kunst geliefert. Die zweite Linie der Fotografie beschreibt das gediegene, tausendfach reproduzierte Handwerk, dessen Höhepunkt die stimmungsvolle Lichtbildnerei mit ihrer Neigung zu allem Schönen war. Licht und Schatten, eine ausgewogene Komposition und das hübsche, ja vielleicht erhabene Motiv waren die Zutaten. Überhaupt eignete diesem Handwerk ein verstecktes Pathos und, meist weniger versteckt, viel Kitsch. Die Spanne der Fotografie als Lichtbildnerei ist breit. Sie reicht vom «Echt-Foto» bis zur thematischen Motivik. Schön beschreibt dieses Selbstverständnis ein Brief aus dem Jahre 1964. Er kam aus dem Postkarten produzierenden Postreiterverlag und ging an die Fotografen ausbildende Hochschule für Grafik und Buchkunst in Leipzig: «Für eine bevorstehende Submission ... benötigen wir schnellstens 15 Farbmotive für neutrale Landschaftskarten ... Hierbei soll es sich ... um gänzlich neutrale Bildausschnitte, z.B. Waldbach,

Dresden
Interhotel «Newa», Prager Straße
1972

Tannenschonung, Waldweg, Ruhebank am Walde, Wegweiser u.s.w ... (handeln) ... Wir suchen also nicht mittelmäßige Durchschnittsbilder, sondern fotografische Spitzenleistungen mit künstlerischem Akzent.» Der öffentlich ausgehängte Brief hat damals viel Zorn bei den künstlerisch ambitionierten und vor allem inhaltlich ganz anders orientierten Studenten ausgelöst. Und damit deutet sich die dritte Linie an. Gegründet auf seriösem Handwerk und deutlich inspiriert von der westeuropäischen Live-Fotografie hat sich in der DDR zunächst eine hochrangige Reportagefotografie entwickelt, die alsbald und im Laufe der Jahre immer selbstbewusster mit ihrer sozialdokumentarischen, soziostrukturellen und Lebensräume beschreibenden Fotografie den Status von Kunst nicht nur einforderte, sondern auch behauptete.

Bild der Heimat III

Beim Blick auf die »Echt-Fotos« aus der DDR bleibt Beklemmung nicht aus. Es wird körperlich spürbar, dass hier ein hermetischer Raum in Rede steht. Einreise und Ausreise nur durch Sicherheitsschleusen möglich. Es ist ein Raum der Hybris, in dem von «oben» angeordnet wurde, wie sich Leben zu gestalten hatte. Es ist ein Raum der Sterilität, in dem nie ein Papierschnipsel durch die Straßen zu wehen scheint. Die Fotografen wussten natürlich um die gewollte Selbstdarstellung, die jedes offiziell gedruckte und massenhaft vervielfältigte Foto zu sein hatte. Diese Selbstreferenz wird uns auf zahlreichen Ebenen vorgeführt. So vermittelt eine Strandpromenade, die wirklich nichts vom Charme eines mediterranen Corso hat, immerhin doch, dass die Betonindustrie florierte und der Fahrzeugbau Fortschritte machte. Diese Aussagen sind immer gewollt. Etwas anderes aber, etwas Verräterisches, scheint einfach auf der Pirsch nach dem ausharmonisierten Foto passiert zu sein: Die Menschen wurden weitgehend ausgeblendet und zur Randerscheinung degradiert. Offenbar hätten sie das schöne Bild der Heimat nur gestört. Ist die Regierung, fragt man sich, gerade unterwegs, um Brechts Ratschlag zu folgen und sich ein neues Volk zu wählen?

Bild der Heimat IV

Und gerade dieses Volk war zu Zeiten auch stolz auf seine Heimat. Denn einen Wimpernschlag in der Geschichte schien es so, als würde der Anschluss an die westeuropäische Moderne gefunden. Da wurden plötzlich die Kaufhäuser in den Bezirksstädten mit aufwändigen Aluminiumverkleidungen versehen, und die agitatorischen Wandbilder der frühen DDR-Zeit wichen dem europaweit trendigen Striche-, Streifen- und Punktedekor. Die mediokre Friseursalon-Moderne des Westens zog sich plötzlich auch durch die letzte Mokka-Milch-Eisbar in Kötzschenbroda. Moderne Bauverfahren, der Stahlbetonskelettbau und Gleitbauweisen, kamen bei ehrgeizigen Projekten zum Einsatz. Ungewöhnliche Lösungen erregten Aufsehen: Das Dach des Chemnitzer Busbahnhofs hing an Stahlseilen, die von Betonpylonen abgespannt waren. Und nicht nur Westberlin hatte seine «Schwangere Auster», die Kongresshalle, auch im Osten schossen abenteuerliche Spannbetongebilde aus dem Boden: der Teepott in Warnemünde oder die «Komplexgaststätte» am Berliner Fischerkiez. Fernsehtürme mit Blick übers Land entstanden. Und noch bevor in München der theatralischste Symbolbau der Bundesrepublik erbaut wurde, nämlich das einen Viertaktmotor darstellende BMW-Hochhaus, lagen im Osten eine ganze Reihe opulenter Symbolarchitekturen auf dem Reißbrett: Ein aufgeschlagenes Buch für Leipzigs Uni, ein Fernrohr für die Zeiss-Werke oder ein Hotel in Form eines Wegsteins für den Rennsteig. Ganz zu schweigen von den Projekten, die nicht realisiert wurden: ein Hochhaus in Segelform für Rostock oder ein Hochhaus, das nach dem Wunsch der Architekten wie Schraube und Mutter aussehen sollte, für Magdeburg. Diese euphorische Phase hat nicht einmal zehn Jahre gedauert. Der Ehrgeiz ließ sich finanziell nicht durchhalten, und die Kosten waren unterm Strich nicht immer mit Ostmark zu beziffern. Manches der Projekte ist auch mit Geschichte bezahlt worden, mit der Leipziger Universität und ihrer Kirche, mit den Stadtschlössern von Berlin und Potsdam. Ulbricht hatte das unappetitliche Gleichnis vom Ausreißen der alten Zähne für das Herstellen eines neuen Gebisses für den Städtebau geprägt. Nach der Euphorie respektive zahlreichen misslungenen Kieferbehandlungen kam die Bruchlandung des ökonomisch maroden Landes. Während die Politik restriktiver wurde, verfielen die historischen Städte. «Das Boot der Liebe», um es mit Majakowski zu sagen, «war am Sein zerschellt.» Maler, Fotografen und Literaten gelang es in oft ergreifender Weise, diese Untergangsstimmung festzuhalten. Allein bei «Echt-Foto» gibt es die DDR-Morbidezza nicht.

Ein Land als Bühne

Die Stadt als Bühne, als Kulisse: Hier fanden die bestellten, natürlich immer «machtvollen» Demonstrationen statt, zumal am 1. Mai, dem «Kampftag der Arbeiterklasse». Auf dieser Bühne hatte sich aber auch das gesellschaftliche Leben, die Geselligkeit abzuspielen. Was außerhalb dieses gesetzten Rahmens lief – und es lief mehr als manchem Politiker lieb war – geriet unter Verdacht. Der organisierte Auftritt der DDR war eine der großen, materiell gesehen sicher die größte Inszenierung, die dieses Land auf die Beine gestellt hat. Und vielleicht auch ihr größtes Missverständnis. Sicher, dieses Missverständnis gründet nicht allein in der DDR. Es hat seine Anfänge im Moderne-Projekt am Beginn des vorigen Jahrhunderts und mündete in die absurde Vorstellung, man könne eine lichte Zukunft gleichsam baulich anlegen: «Eine großzügige und weiträumige Bebauung entspricht den räumlichen Vorstellungen und ästhetischen Anschauungen der Menschen im Sozialismus», liest man in den «Grundsätzen für die Planung und

Gestaltung sozialistischer Stadtzentren» von 1960. Und ein Vordenker dieser Grundsätze hatte formuliert: «Symmetrie im Städtebau – das ist höchste Eindeutigkeit und Ordnung – gesteigerter Ausdruck der Macht.» Natürlich schlummern hier auch, in neuem Gewande, ganz alte und spießige Tugenden. Sauberkeit, Übersichtlichkeit und Ordnung gehören zum Grundrepertoire des bürgerlichen Miefs, das in jeder Form des Totalitarismus fröhliche Urstände erlebte. Der fünfte Parteitag der SED im Sommer 1958 hatte nicht nur die Losung «Der Sozialismus siegt» und die Idee zu einer Konföderation mit der Bundesrepublik hervorgebracht, sondern auch zehn famose «Normen der sozialistischen Moral und Ethik». «Du sollst sauber und anständig leben und deine Familie achten!», sagt die 9. Norm. Es hat fast etwas Rührendes, wie hier Jahrhunderte altes christliches Denken, bürgerliche Tradition und der Aufbruch in den Kommunismus verschmolzen. Tatsächlich hatte dieser Aufbruch längst den Charakter einer Glaubenssache angenommen, denn die Wirklichkeit blieb viel, allzu viel schuldig. An Stelle des Kaiser- oder Führerbildes hing nun, deplaziert wie alle diese Bilder, das des 1. Sekretärs des Zentralkomitees der SED, der sich später – die Wortwahl hat Bedeutung – Generalsekretär nennen durfte, an der Wand. Geholfen hat es nicht. Der Blick auf die Interieurs zeigt, wie tief verinnerlicht die Sehnsucht nach einer bürgerlichen Existenz war. Dabei unterscheiden sich die Grundmuster kaum von denen im Westen, wohl aber die Möglichkeiten zur Realisierung. Selbst der Habitus der Politiker spricht vom Wunsch der nun in Staatsämter Aufgerückten, so gut und ordentlich zu sein wie einst die Lehrmeister, bei denen man die höchst achtbaren Berufe eines Druckers, Friseurs oder Fliesenlegers gelernt hatte. Setzt man die revolutionären Tugenden, die in der eigenen Legendenbildung zwischen Spanienkrieg und Widerstandskampf eine Rolle gespielt haben, mit der unglaublichen Verspießerung ins Verhältnis, wird einmal mehr deutlich: Die bürgerlichen Muster hatten die Revolution längst gefressen. Und es ist genau diese Stelle, an der die Hybris in ein Bild von einer Puppenstube umzukippen droht.

Volkskunst und Folklore

Volkskunst schnitzt, Folklore lässt schnitzen. Dort, wo Alltag die Norm ist, ist die Sehnsucht nach Abwechslung groß. Der Städter will aufs Land, der Gebirgler an die See, der vom Schreibtisch in den Schrebergarten. In der DDR trafen diese berechtigten Wünsche zuerst auf Mangel, Mangel an Echtem. Echt erzgebirgische Nussknacker und Weihnachtspyramiden waren «Bückware», mussten also irgendwo unterm Ladentisch hervorgezaubert werden. Oder waren hohe Einsätze im Kreislauf einer ausgeprägten Naturalwirtschaft. Urlaubsplätze an der See oder im Spreewald waren schwer zu bekommen; Tickets für Bulgarien schon fast Lottogewinne. Mit der Sehnsucht aber ließ sich ein Geschäft machen. Im Rahmen der «immer besseren Befriedigung der Bedürfnisse der Bevölkerung» (dies war übrigens die vielbeschworene «Hauptaufgabe», die als «Kampfziel» phraseologisch in keiner Rede fehlte) schossen Folkloregaststätten aus dem Boden. Die Hutzenstube in Berlin, das Rügendorf in Leipzig, die Spreewald-Gaststätte in Glauchau. Kein Volksfest mehr ohne Köhlerhütten-Romantik. Eine Schwemme von Seemannsklausen, Jagdzimmern, Alchimistengewölben, Fischer-, Bauern- und Fuhrmannsstuben überzog das Land. Anstelle der ersehnten Reise nach Kuba eine kubanische Gaststätte. Während im Westen der Reiseeindruck von Italien zu Hause, beim Italiener, wiederholt werden konnte, verstärkte der Besuch des japanischen Restaurants höchstens die Sehnsucht nach Japan. Im Bemühen, mit den eigenen, kargen Mitteln der Bevölkerung möglichst viel zu bieten, ließ man Authentizität der imaginierten Regionen mehr und mehr über die Klinge springen. Charakteristische Materialien mussten der Vereinfachung weichen. Die Exotik von anfangs aufwändig gezimmerten Holzhütten ließ sich bald über einen mit Bildtapete bezogenen Lieferwagen herstellen. Die Tanne stand als Symbol für Erzgebirge oder Thüringer Wald. Der Fisch für Ostsee. Oberflächlich betrachtet kann man diese spürbare Lausigkeit der Dinge auf mangelnde Wirtschaftskraft zurückführen. Aber wahrscheinlich verbirgt sich hier schon ein resignatives Moment. Sicher, man kann heute im Baumarkt eine vorgefertigte Motivdecke «Chinarestaurant» kaufen, was die gleiche Verflachung beschreibt, aber die Lieblosigkeit, mit der in den späten Jahren der DDR vieles erledigt wurde, hat mit dem markanten Schwinden von Identifikation zu tun: der Staat war für viele definitiv nicht die Heimat.

Maßstäbe

Mit Angemessenheit hatte die DDR im Großen wie im Kleinen so ihre Probleme. Werner Tübke musste das größte Panoramabild malen, das Sportfest brachte die meisten Sportler auf den Rasen und in Karl-Marx-Stadt stand (und steht) die größte Karl-Marx-Büste aller Zeiten. Oder die Namensgebungen: Was hatte die Autorin Anna Seghers mit Funkröhren zu tun, dass man ein Werk nach ihr benennen musste, wieso hieß ein Ferienheim nach Ceausescus Amtsvorgänger Gheorghe Gheorghiu-Dej und wieso musste man sich einen Politiker mit dem unaussprechlichen Namen Jumdshagiin Zedenbal merken? Im öffentlichen Raum wurde Verbundenheit und Freundschaft verkündet. Traditionslinien und politische Programme gerannen zu Bildern und Plastiken. Liebesentzug hing zumeist auch mit einer radikalen Tilgung des einstigen Liebesbeweises zusammen. Das aus Russland bekannte Ritual hat sich in der einen oder anderen Form ständig wiederholt: Aus einem plastischen Doppelporträt von Lenin und Stalin hatte man letzteren nach dessen Sturz entfernt, indem man ihn zu einer Trauerweide ummeißelte. Wer in Ungnade fiel, gehörte nicht etwa der Geschichte an, sondern ihn hatte es nicht gegeben. Der Mangel an Angemessenheit auf staatlicher und politischer Ebene setzte sich im privaten Bereich fort. Dort hat die DDR durchaus mit der westeuropäischen Verflachung von Geschmack mitgehalten. Ein Problem ergab sich freilich aus der Materiallage. Da solche Wunderdinge wie Baumärkte nicht existierten und die Geschäfte für «Heimwerker» meist wie ausgekehrt waren, musste Ersatz geschaffen werden. Erfindungsreichtum führte immer wieder zum Ziel. Wenn es denn schon keine importierten gipsernen Michelangelo-Statuen made in Taiwan gab, konnte zumindest ein Autoreifen zu einem bronzierten Schwan umgestaltet werden. Und obwohl man sich im Privatleben von der Vermassung abheben wollte, waren doch die Abfälle der Massenproduktion hochbegehrt. Stanzreste mutierten zu Gartenzäunen, Ketten erstarrten wie von Geisterhand zu Tragekonstruktionen von Blumenschalen, die einst Radkappen gewesen waren. Die DDR hatte das Ersatzstoffwesen perfektioniert. Ziel war Kultur im Heim – wie übrigens auch die Wohnzeitschrift des Ostens analog zum westlichen «Schöner wohnen» hieß. Die Geschmacksentgleisungen geschahen nicht, weil die Zeitschrift schwer zu bekommen war, sondern weil der Selbstanspruch sank. Man hätte natürlich lieber eine Kette aus Edelstahlgliedern erstarren lassen als eine aus Schmiedeeisen, aber auf die grandiose Kettenstütze wollte man nicht verzichten. In der Grundhaltung war dieser Drang (der auch politische Forderung sein konnte), aus Nichts Gold zu machen, durchaus verwandt mit dem, was sich bei vielen Interieurs von Gaststätten und Ferienheimen abbildete: Der Versuch, mit zweifelhaften Mitteln nicht etwa die ständig im Munde geführte aufklärerische, sondern die spießige Seite der bürgerlichen Kulturqualität zu imitieren.

Erinnerung II

Die Postkarten erinnern an den Osten. Wie er war und wie er keineswegs war. Vor allem natürlich, wie er sein sollte. Gezeigt wurde nur sehr bedingt, was der Fotograf selbst für bewahrenswert hielt. Die Optik war von Verlagen und Zensurbehörden programmiert: Sie hatte sich auf das «gesellschaftlich Bedeutsame» zu richten, auf das «Vorwärtsweisende» und natürlich auf das für die Entwicklung des Landes «Typische». Jede Postkarte ein positives Beispiel. Jede Postkarte ein

Dresden-Wachwitz
UKW- und Fernsehturm
1970

Sieg. Einprägsamkeit war gewollt. Daher folgen die Fotos kompositorisch meistens den tradierten und also bewährten Schemata der Kunst: Zentralperspektive und Goldener Schnitt. Es kommt bei den Fotografen ein inneres Prinzip hinzu, das essentiell mit dem subjektiven Bild von der Heimat verbunden ist und keinen politischen Ukas brauchte, die positive Optik. Sie war nicht nur selbst auferlegt, sie war auch verinnerlicht. Und sie speiste sich aus zwei Quellen. Einerseits ging es ja um die tatsächliche Heimat, die Region, aus der der Fotograf stammte und die er liebte, und andererseits ging es um das Staatsgefüge, das sich nach dem Mauerbau langsam zu stabilisieren begann. Man war tatsächlich im Alltag angekommen, wie es Brigitte Reimanns Roman von 1961 apostrophiert hatte. Die Unruhe der Nachkriegszeit war vorbei. Man mochte vielleicht die DDR nicht lieben, aber man hatte klare Verhältnisse. Heute sind diese Bilder Erinnerung. Kurios, traurig, unfreiwillig komisch. Sie stehen aber für gelebtes Leben, und da kann einem schon das Lachen im Halse stecken bleiben. Aber Erinnerungen haben eine erstaunlich kurze Halbwertzeit und neigen damit extrem zur Unschärfe. Das ist für den Einzelnen höchst positiv, denn individuell gesehen tendiert die Unschärfe zur Verklärung. Die Fotos von einer längst abgestreiften materiellen Hülle freilich wirken wie Grüße von einem anderen Stern. «Wir lernen im Alter vergessen», meinte Ernst Bloch, «aufreizende Wünsche treten zurück, obzwar ihre Bilder bleiben.»

Zeltplätze und Idyllen

Zeltplatz an der Müritz
1967

Insel Poel
1976

Flecken Zechlin (Kr. Neuruppin)
Wohnboote und Zeltplatz am Großen Zechliner See
1983

Hohenwartetalsperre, Linkenmühle (Kr. Pößneck)
Zeltplatz Partenschmiede
1971

Schmiedefeld am Rennsteig
Zeltplatz
1963

Alt Schwerin (Kr. Waren), Plauer See
Campingplatz C/90
auf der Halbinsel Werder
1984

Neuglobsow
Schwanenfamilie am Dagow-See
1966

Lübschützer Teiche bei Machern (Kr. Wurzen)
Liegewiese am Badeteich
1971

Dresden
Am Carolasee im Großen Garten
1962

Glindow über Potsdam
Am Glindower See
1971

Teterow
EOS Teterow
1974

Neudorf (Harz)
Hauptstraße
1969

Kr. Neustrelitz
Krummer See
1962

Kr. Güstrow
Kurort Krakow am See
1978

TEMPEL-DROGERIE
Max Hintzsche
Wörlitz 17 km
Selbitz 5 km

Bergwitz (Kr. Gräfenhainichen)
Bahnhofstraße
1976

Masserberg, Langertfelsen
1965

Höhenluftkurort Grünbach
(Kr. Auerbach, Vogtl.)
Wendelstein
1980

Müritz
Blick in den Bolterkanal
1965

Annahütte (Kr. Senftenberg)
See
1970

Agrarhistorisches Museum Alt Schwerin
Großsteingrab Sparow bei Alt Schwerin
1972

Dübener Heide
Königsee
1982

Blankenburg/Harz (Kr. Wernigerode)

Großvaterfelsen

1980

Ostseebad Boltenhagen
FDGB-Urlauberdorf
1970

Radebeul-Wahnsdorf «Wilhelmshöhe»
Betriebsferienheim
der KG Stadt Halle
1978

Rauschenbach (Erzgeb.)
FDGB-Erholungsheim
«Paul Gruner», Terrasse
1986

Maxen (Ost-Erzgeb.)
Betriebsferienheim der Akademie der
Wissenschaften der DDR «Finckenfang»
1977

Maxen (Ost-Erzgeb.)
Kinderferienlager der Akademie der Wissenschaften der DDR auf dem «Finckenfang»
1977

Ostseebad Kühlungsborn
FDGB-Café «Jochen Weigert», Caféterrasse
1962

Ueckermünde, Ortsteil Bellin
Urlaubersiedlung des
VEB Papierfabrik Schwedt
1968

Wulkau (Kr. Havelberg)
Kinderferienlager
DR Gleisbaubetrieb Magdeburg
1984

Teterow, Teilansicht
1978

Dresden
Dr.-Rudolf-Friedrichs-Brücke
1962

Hohenleuben (Kr. Zeulenroda)
Blick zur Ruine Reichenfels
1968

Markgrafenheide
Strand
1968

Gneisenaustadt Schildau
Schilderbergweg
1976

Neustadt (Rstg.)
Rennsteigstein
1972

Seddin
Seddiner See
1970

Karlshagen auf Usedom
Zeltplatz
1970

Zwickau
Freibad
1971

Hainspitz (Kr. Eisenberg)
Bad
1969

Kulkwitz (Kr. Leipzig)
Naherholungszentrum
1974

Spremberg (Niederlausitz)
Erholungszentrum
Talsperre Spremberg, **Ostseite**
1976

Neubauten

Berlin-Lichtenberg
Hans-Loch-Viertel
1972

Berlin – Haupstadt der DDR
Am Interhotel «Berolina»
mit Blick auf die Karl-Marx-Allee
1972

Brandenburg (Havel)
August-Schärttner-Straße
1969

Templin
FDGB-Erholungsheim
«Salvador Allende»
1977

Brandenburg (Havel)
Werner-Seelenbinder-Straße
1969

Brandenburg (Havel)
Werner-Seelenbinder-Straße
1978

Berlin – Hauptstadt der DDR
Centrum-Warenhaus
1973

Magdeburg
Julius-Bremer-Straße
1981

Magdeburg
Centrum-Warenhaus
1980

Suhl
Centrum-Warenhaus
1971

Dresden
Interhotels in der Prager Straße
1971

Dresden
Prager Straße
1978

Halle (Saale)
Interhotel «Stadt Halle»
1968

Rostock
Interhotel «Warnow»
1981

Potsdam
Interhotel «Potsdam»
1979

Neubrandenburg-Ost
Juri-Gagarin-Ring
1976

Dresden
Prager Straße
1975

Cottbus
Hotel «Lausitz»
1973

Dresden
Christianstraße
1968

Schwerin-Lankow
1970

Rostock, Lütten-Klein
Turkuer-Straße
1971

Dresden
Studentenwohnheime, Parkstraße
1971

Cottbus
Stadtzentrum,
«Kosmos»-Eisbar
1980

Waren
Konsum-Gaststätte «Müritzring»
1978

Ostseebad Binz (Rügen)
Turm des Wasserrettungsdienstes
1983

Frauenwald (Kr. Ilmenau),
staatlich anerkannter Erholungsort
Erholungsheim «Auf dem Sonnenberg»
1982

Prenzlau
Robert-Schulz-Ring
1979

Schwedt (Oder)
Michael-Lomonossow-Straße
1970

Schwedt (Oder)
Julian-Marchlewski-Ring
1970

Anklam
Peenestraße
1968

Stendal
Wilhelm-Florin-Ring
1976

Vockerode (Kr. Gräfenhainichen)
Straße der Jugend
1978

Nordhausen
Töpferstraße und Blasiikirche
1976

Dresden
Zamenhofstraße
1978

Dresden
Prager Straße
1974

Friedrichroda (Kr. Gotha)
FDGB-Erholungsheim
«August Bebel»
1981

Rostock
Lütten-Klein
1970

Halle-Neustadt
1968

Schwedt (Oder)
Wohnheim
1970

Schwedt (Oder)
Lehrlingswohnheim und Erweiterte Oberschule in der Ernst-Thälmann-Straße
1970

Freiberg (Sa.)
Internat der Bergakademie
1976

Magdeburg
Karl-Marx-Straße
1980

Referenz moderner Wohnkultur
DER SOZIALISMUS SIEGT

Dresden

Am Pirnaischen Platz

1972

Dresden
Kino und Wasserspiele in der Prager Straße
1973

Dresden
Zamenhofstraße
1978

Dresden
Wiener Platz
1970

Schwerin
HO-Gaststätte «Panorama»
1978

Strausberg bei Berlin
Haus der Nationalen Volksarmee, «Klub am See»
1968

Gartz (Oder)
Postamt
1970

Grimmen
Konsum-Gaststätte «treffpunkt»
1974

Boek (Kr. Neustrelitz), Ortsteil Zartwitz
Betriebakademie des
VEB Bezirkskombinat
Fleischwirtschaft Neubrandenburg
1984

Elbingerode (Harz)
Polytechnische Oberschule in der Straße des Friedens
1975

Prenzlau
Ernst-Schneller-Oberschule
1979

Karlshagen (Kr. Wolgast)
Polytechnische Oberschule
«Heinrich Heine»
1985

Freiberg (Sa.)
Stadt- und Kinderambulanz
1976

Frauenwald (Kr. Ilmenau)
Erholungsheim
«Auf dem Sonnenberg»
1982

Ostseebad Boltenhagen
(Kr. Grevesmühlen)
Ferienheim «Freundschaft»
des VEB Gesellschaftsbau Halle,
Betrieb 2 des VEB Wohnungs-
baukombinat Halle
1981

Ostseebad Kühlungsborn
(Kr. Bad Doberan)
FDGB-Urlauberrestaurant
«Julius Fučik»
1989

Seebad Ahlbeck (Kr. Wolgast)
FDGB-Erholungsheim
«Max Kreuziger»
1985

Päwesin (Kr. Brandenburg)
«Bollmannsruh», Erholungs- und Schulungsheim des VEB Stahl- und Walzwerk Brandenburg
1977

Rethwisch (Kr. Bad Doberan), Ortsteil Börgerende
FDGB-Erholungheim «Waterkant»
1978

Aschersleben
Kosmonautenviertel, Ladenstraße
1968

Döbeln
HO-Parkgaststätte «Bürgergarten»
1977

Jena
Blick auf Neu-Lobeda
1975

Dresden
Neubauten an der Elbe
1969

Rostock
Wohnhochhaus
am Vögenteichplatz
1974

Rostock-Warnemünde
Hotel «Neptun»
1974

Brunnen und Fontänen

Magdeburg
Karl-Marx-Straße
1979

Magdeburg
Hotel «Gewerkschaftshaus» am Ratswaageplatz
1985

PILS

Dresden
Filmtheater Prager Straße
1978

Dresden
Restaurant »International«, Prager Straße
1977

Dresden
Prager Straße
1978

Dresden
Prager Straße
1974

Berlin – Hauptstadt der DDR
Palast der Republik
1977

Suhl
Ernst-Thälmann-Platz
1977

Neubrandenburg
Hotel «Vier Tore»
am Karl-Marx-Platz
1982

Berlin – Hauptstadt der DDR
Am Fuß des Fernsehturms
1973

Karl-Marx-Stadt
Rosenhof
1978

Bitterfeld
Springbrunnen im Stadtpark
1980

Karl-Marx-Stadt
Stadthalle
1985

Erfurt
›iga‹-Ausstellungsgelände
1961

Kunst am Bau

Dresden
Lenin-Denkmal
auf der Prager Straße
1974

Dresden
Lenin-Denkmal
am Interhotel Prager Straße
1979

Messestadt Leipzig
Universitätsgebäude
1976

Karl-Marx-Stadt
Karl-Marx-Monument
von Lew J. Kerbel
1977

Neubrandenburg
Haus der Kultur und Bildung am Karl-Marx-Platz
1981

Karl-Marx-Stadt
Karl-Marx-Monument von Lew J. Kerbel
1974

Dresden
Webergasse, Wallstraße
1975

Zeulenroda
Kulturhaus
«Deutsch-Sowjetische Freundschaft»
1975

Freiberg (Sa.)
Lenin- und Gorki-Oberschule
1976

Ueckermünde, Ortsteil Bellin
Haffjungfrau «Ilona»
1984

Kitzscher-Nord (Kr. Borna)
Polytechnische Oberschule
1983

Dresden
Leningrader Straße
1970

Karl-Marx-Stadt
Karl-Marx-Allee, «Lobgedichte»
1973

Gera-Bliebach
Plastik an der Johannes-R.-Becher-Straße
1976

Hütten

Moritzburg
Konsum-Gaststätte «Räuberhütte»
1980

Berlin – Hauptstadt der DDR
Archenhold-Sternwarte in Treptow, Sonnenphysikalisches Kabinett
1970

Räuberhütte

Luftkurort Arendsee (Altmark)
Campinghotel
1977

Benneckenstein (Harz)
Köhlerhütte
1979

Kurort Hartha im Tharandter Wald
Hexenhaus
1972

Ostseebad Ückeritz (Kr. Wolgast)
«Fischerhütte»
1982

Grambin (Kr. Ueckermünde)
Urlaubersiedlung «Haffblick» des VEB Kraftverkehr Torgelow
1968

Diemitz (Kr. Neustrelitz)
Kinderferienlager der Abteilung Volksbildung, Brand-Erbisdorf und Freiberg
1977

Kühlungsborn
Haus zur Kühlung
1974

Lehnitz (Kr. Oranienburg)
Touristenzentrum
des Kreises Oranienburg
1976

Bagow-Bollmannsruh
Zentrales Pionierlager
«Bruno Kühn»
1977

Göhren-Lebbin (Kr. Röbel/Müritz)
Betriebsferienheim des
VEB Waggonbau Niesky, Bungalows
1980

Groß Stieten (Kr. Wismar)
VEG Tierzucht, Gaststätte
«Mecklenburger Mühle», Weinfässer
1974

Höhenluftkurort Grünbach (Vogtland)
FDGB-Erholungsheim
«Louis Müller», Waldklause
1976

Luftkurort Arendsee/Altmark
(Kr. Osterburg)
Bungalowsiedlung
1982

Lugau (Kr. Stollberg)
Einfamilienhäuser
an der Zechenstraße
1977

Weißwasser (Oberlausitz)
Tierpark
1974

Walldorf (Werra)
Sandsteinhöhle
1975

Innenräume

Foyer im Bettenhaus,
ohne Jahresangabe

Betriebsferienheim VEB,
Plauener Gardine, Treppenhaus
1984

Zeititz
Schwangeren-Erholungsheim
«Clara Zetkin»
1982

Kurort und Spielzeugdorf Seiffen (Erzgeb.)
Zentrag-Ferienheim
«Nußknackerbaude», Appartement
1976

Grünhain (Kr. Schwarzenberg)
Genesungsheim, Klubraum
1978

Klubraum
ohne Jahresangabe

Templin
FDGB-Erholungsheim
«Friedrich Engels»
Empfangshalle, 1985

Loddin (Kr. Wolgast),
Ortsteil Kölpinsee
FDGB-Erholungsheim «Kölpinshöh»,
Empfangshalle
1984

Feldberg (Kr. Neustrelitz)
FDGB-Erholungsheim «Freundschaft», Speisesaal
1965

Volkssolebad Bad Sulza
Wismut-Sanatorium, Inhalationsraum
1971

Höhenluftkurort und Wintersportplatz
Schierke (Kr. Wenigerode)
Erholungsheim «Fichtenhof», Klubraum
1979

Höhenluftkurort und Wintersportplatz
Schierke (Kr. Wernigerode)
Erholungsheim «Fichtenhof», Lesezimmer
1979

Höhenluftkurort und Wintersportplatz
Schierke (Kr. Wernigerode)
Erholungsheim «Fichtenhof», Bauernstube
1979

Banzakow (Kr. Schwerin)
Gaststätte «Lewitzmühle», Galerie
1981

Wolzig (Kr. Königs Wusterhausen)
Betriebsferienheim des VEB Braunkohlewerk Cottbus, Bungalow
1986

Loddin (Kr. Wolgast), Ortsteil Kölpinsee
FDGB-Erholungsheim «Kölpinshöh», Zimmer
1984

Greifswald
Hotel «Boddenhus», Einbettzimmer
1977

Belzig
Sanatorium für funktionelle Herz-Kreislauf-Erkrankungen, Zimmer im Parkhaus
1987

Neubrandenburg
Hotel «Vier Tore», Empfangshalle
1984

Neubrandenburg
Hotel «Vier Tore», Wintergarten
1983

Rostock-Warnemünde
«Hotel Neptun»,
Diskothek «Daddeldu»
1972

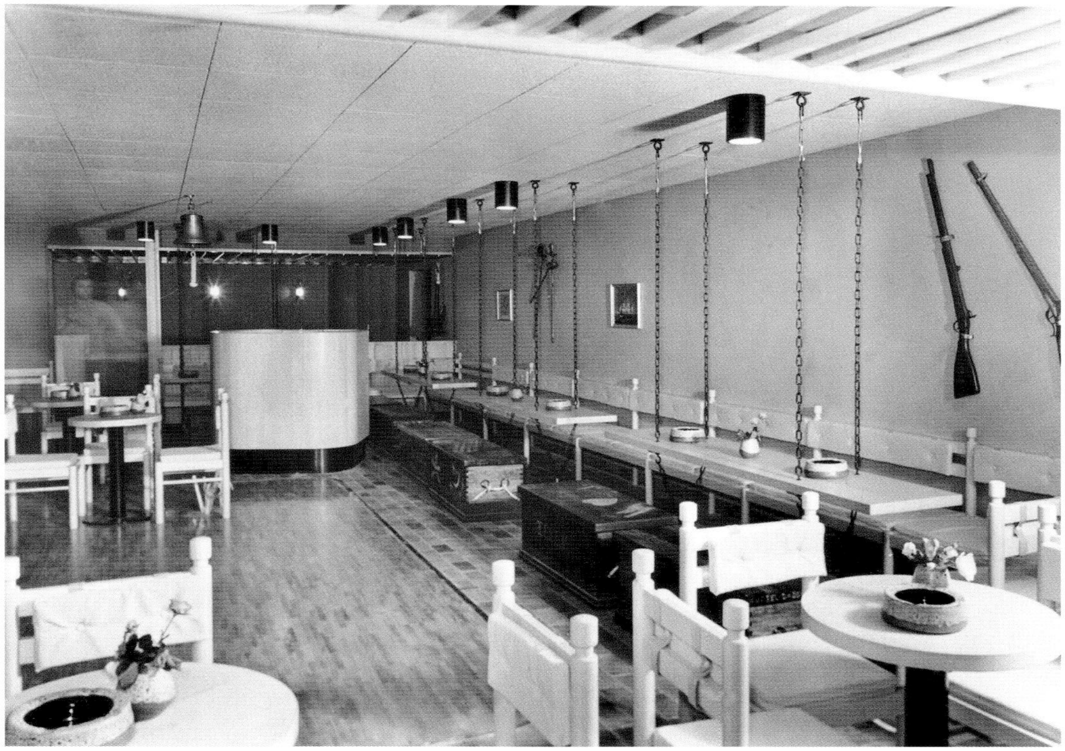

Rostock-Warnemünde
«Hotel Neptun»,
Hotelrestaurant «Koralle»
1972

Loddin (Kr. Wolgast), Ortsteil Kölpinsee
FDGB-Erholungsheim
«Kölpinshöh», Bar
1984

Ostseebad Boltenhagen
FDGB-Erholungsheim
«Fritz Reuter», Bar
1966

Bar

Templin
FDGB-Erholungsheim
«Friedrich Engels», Hallenbar
1984

Ostseebad Zinnowitz (Kr. Wolgast)
Feriendienst IG Wismut,
Ferienheim, Wandelhalle
1984

Güstrow (Mecklenburg)
HO-Gaststätte «Stadt Güstrow», Bar
1975

Güstrow (Mecklenburg)
HO-Gaststätte «Stadt Güstrow», Empfang
1975

Marienberg (Sa.)
HO-Hotel «Lindencafé»
1977

Sellin (Rügen)
FDGB-Erholungsheim «Rugia», Buffet
1981

Feldberg (Mecklenburg)
FDGB-Erholungsheim «Freundschaft», Klubraum im Urlauberwohnheim
1975

Wolzig (Kr. Königs Wusterhausen)
Betriebsferienheim des VEB Braunkohlewerk Cottbus, Plenarsaal
1986

Elsterberg (Vogtland)
Konsum-Gaststätte «Elsterperle»
1970

Güstrow (Mecklenburg)
HO-Gaststätte «Stadt Güstrow», Rotes Zimmer
1975

Güstrow (Mecklenburg)
HO-Gaststätte «Stadt Güstrow», Restaurant
1975

Güstrow (Mecklenburg)
HO-Gaststätte «Stadt Güstrow», Tanzbar
1975

Börgerende-Rethwisch (Kr. Bad Doberan)
FDGB-Erholungsheim «Waterkant», Foyer
1989

Templin
FDGB-Erholungsheim «Friedrich Engels», Hallenbar
1985

Auerbach (Vogtland)
Institut für Lehrerbildung
«Wilhelm Pieck», Traditionskabinett
1978

Auerbach (Vogtland)
Institut für Lehrerbildung
«Wilhelm Pieck», Aula
1978

Autos

Halle-Neustadt
1969

Neugersdorf (Kr. Löbau)
Wasserturm
1971

Schwedt/Oder, Ernst-Thälmann-Straße
Lehrlingswohnheim des EVW, Papierfabrik Schwedt und Erweiterte Oberschule
1970

Hermsdorfer Kreuz (Kr. Stadtroda)
Autobahn Richtung Berlin
1980

Karlshagen (Usedom)
Straßenstraße
1971

Röbel (Müritz)
Straße der Einheit
1976

Dresden
Hotel-Hochhäuser, Prager Straße
1970

Berlin – Hauptstadt der DDR
Friedrichstraße
1966

Erfurt
Neubauten am Juri-Gagarin-Ring
1969

Berlin – Hauptstadt der DDR
Unter den Linden,
Ungarische Botschaft
1967

Schneeberg (Kr. Aue)
Neubauten am Keilberg
1980

Messestadt Leipzig
Warenhaus «Konsument» am Brühl
1973

Dresden
Pirnaischer Platz
1974

Altenburg
Punkthaus
1970

Plauen (Vogtland)
Hochhäuser am Oberen Bahnhof
1970

Brandenburg (Havel)
Werner-Seelenbinder-Straße
1969

Dresden
Anton-Saefkow-Straße und Lindengasse
1971

Dresden
VEB Schokopack
1968

Markgrafenheide
Konsum-Waldgaststätte am Zeltplatz
1968

Hermsdorfer Kreuz
Mitropa-Rasthof
1974

Leutenberg (Thüringen)
FDGB-Erholungsheim
«Katja Niederkirchner»
1976

Magdeburg
«Hotel International»
1965

Berlin – Hauptstadt der DDR
Interhotel »Unter den Linden«
1966

Schwedt (Oder)
Julian-Marchlewski-Ring
1970

Berlin – Hauptstadt der DDR
Unter den Linden
1968

Berlin – Hauptstadt der DDR
Unter den Linden
1966

Erfurt
Internationale Gartenbauausstellung
«iga-Express»
1966

Karl-Marx-Stadt
Omnibusbahnhof
1974

Magdeburg
«Hotel International»
1985

Berlin – Hauptstadt der DDR
Müggelturm
1974

Jena
Forschungshochhaus der Friedrich-Schiller-Universität
1974

Saßnitz
»Rügen-Hotel«
1972

Dresden
Sidonienstraße
1970

Meuselwitz (Bez. Leipzig)
Altenburger Straße
1966

Kitzscher (Kr. Borna)
Ladenstraße
1982

Neubrandenburg
Karl-Marx-Platz
1976

Karlshagen (Usedom)
Weg zum Strand
1968

Pioniere, Panzer und Parolen

Lutherstadt Wittenberg
Denkmal der Befreiung vom Faschismus
1984

Merseburg
Platz des Sieges und der Befreiung
1977

Ostseebad Lubmin
Eingang zum Pionierzeltlager «Walter Ulbricht»
1986

Templin
Traditionslager «Kim Woroschilow» der Pionierorganisation «Ernst Thälmann», Lagertor
1976

Trassenheide (Kr. Wolgast)
Zentrales Pionierzeltlager
«Raymonde Dien»,
Eingang zum Lager
1982

Trassenheide (Kr. Wolgast),
Zentrales Pionierzeltlager
«Raymonde Dien»,
Appellplatz und Lagerleitung
1982

Templin
Traditionslager «Kim Woroschilow» der Pionierorganisation Ernst Thälmann, Gedenkstätte am Zentralen Appellplatz
1976

Bagow-Bollmannsruh
Zentrales Pionierlager «Bruno Kühn», Trägerbetrieb VEB Qualitäts- und Edelstahlkombinat im Stahl- und Walzwerk Brandenburg, Ernst-Thälmann-Gedenkstätte
1977

Torgau
Denkmal der Begegnung an der Elbe
1971

Zentrales Pionierlager «Clara Zetkin»
1973

Leipzig
Sportschau des DTSB der DDR
1977

nd glücklich

Leipzig
Sportschau des DTSB der DDR
1977

Leipzig
Sportschau des DTSB der DDR
1977

Leipzig
Sportschau des DTSB der DDR
1977

Leipzig
Sportschau des DTSB der DDR
1977

Festliches

1975

Herzliche Geburtstagsgrüße

1976

**Ein frohes Weihnachtsfest
und ein gesundes neues Jahr**
1974

Herzliche Weihnachtsgrüße
1976

Herzliche Weihnachtsgrüße
1972

1978

Der Herausgeber
Erasmus Schröter, 1956 geboren, studierte in den frühen achtziger Jahren Fotografie an der Leipziger Hochschule für Grafik und Buchkunst. Sein Schwerpunkt lag auf dokumentarischer Schwarzweißfotografie sowie Infrarotfotografie. Er arbeitete im Auftrag von Zeitschriften wie STERN, ART, ZEIT-Magazin, FAZ-Magazin und TEMPO als Fotograf. Er veröffentlichte Bücher zur Bunkerarchitektur am Atlantik und über Eigenbautraktoren in der DDR. Er entwickelte eine spezielle Art farbiger, lichtinszenierter Fotografie. Damit realisierte er Projekte über stillgelegte Industriebauten, Bunker, Gartenlauben, aufgegebene Militärgebiete. Seine Fotografien werden auf internationalen Ausstellungen gezeigt und befinden sich in wichtigen europäischen und amerikanischen Sammlungen. Schröter ist manischer Flohmarktgänger und kann an keinem Postkartenstand achtlos vorübergehen.

Danksagung
Besonders herzlich möchte ich mich bei Frau Dr. Inge Weber vom Verlag Bild und Heimat für ihre tatkräftige Unterstützung bedanken.
Weiterhin danke ich vielmals allen beteiligten Fotografen für engagierte Mitarbeit. Mein besonderer Dank an: Jörg Corazza, Rudolf Kampmann, Brigitte Kampmann, Hildegard Hanich, Rudi Stöhr, Herbert Karpf, Gisela Sigrist. Großzügige Unterstützung kam von Herrn Wolfgang Hesse von der Sächsischen Landesbibliothek – Staats und Universitätsbibliothek Dresden/ Abteilung Deutsche Fotothek.
Dank gilt Herrn Heinz Mocker für wertvolle Informationen.

Bildnachweis
(o = oben, u = unten, re = rechts, li = links)
Borsch: (1) 126; Corazza: (14) 22o, 30o, 44o, 52u, 67u, 75re, 81u, 87o, 129u, 130u, 131u, 138o, 139o, 139u; Verlag Bild und Heimat / Darr: (41): 18o, 23u, 35u, 39u, 48li, 49u, 50u, 56o, 70u, 94o, 99u, 101o, 101u, 104u, 106o, 106u, 109u, 110o, 110u, 111o, 111u, 112o, 112u, 113o, 113u, 114, 115, 118o, 118u, 119o, 119u, 121o, 121u, 122u, 123o, 123u, 124o, 124u, 136o, 145u, 151o; Goethe: (1) 52o; Hanich: (37) 7, 11, 15, 17, 20o, 21o, 23o, 27o, 29re, 30u, 31u, 32o, 34u, 46o, 46u, 49o, 50o, 51u, 57u, 62/63, 64u, 64o, 65o, 78u, 79u, 79o, 84, 88o, 90u, 93, 95o, 107o, 130o, 133o, 135o, 135u, 143re; Hoffmann: (7) 31o, 36re, 80u, 82o, 83o, 95u, 140u; Jökel: (2) 125o, 125u; Kampmann: (38) 16, 19u, 26o, 33o, 34o, 42o, 42u, 43o, 43u, 48re, 51o, 54o, 54u, 55o, 55u, 56u, 57o, 59u, 60o, 60u, 66u, 68u, 72o, 81o, 89re, 92, 96o, 96u, 97u, 98o, 98u, 128o, 129o, 134u, 138u, 148u, 150o, 150u; Karpf: (16) 26u, 33u, 47u, 53u, 61o, 67o, 68o, 69u, 70o, 72u, 89li, 100o, 100u, 105o, 120o, 120u; Kupfer: (1) 19o; Kühn: (12) 20u, 24/25, 36li, 39o, 73u, 82u, 90o, 133u, 144o, 144u, 146/147; Müller: (1) 32u; Mohr: (5) 53o, 65u, 80o, 99o, 145o; Sächsische Landesbibliothek – Staats- und Universitätsbibliothek Dresden (SLUB), Abteilung Deutsche Fotothek – Archiv Verlag Dick, Erlbach i.V. : (9) 40, 41, 47o, 85, 86li, 102, 127, 132u, 134o; Schincke: (1) 97o; Sigrist: (5) 69o, 103, 105u, 149o, 149u; Stöhr: (38) 18u, 28u, 35o, 38o, 38u, 44u, 45o, 61u, 71u, 71o, 74o, 74u, 76/77, 78o, 91u, 88u, 107u, 122o, 128u, 132o, 136u, 137o, 141, 142re, 151u, 152/153, 154o, 154u, 155o, 155u, 156, 157re, 157li, 158re, 158li, 159re, 159li; Voland: (1) 58u; Wolf: (1) 104o; Zerback: (3) 108o, 108u, 109o; Titel: Corazza (2), Mohr (2), Stöhr (2) , Kühn, Karpf.
Trotz intensiver Bemühungen konnten vereinzelt Fotografen nicht ausfindig gemacht werden. Diese werden gebeten, sich beim Verlag zu melden und werden in einer nächsten Auflage berücksichtigt. Die Jahresangaben zu den Postkarten sind ungefähre Angaben. Sie wurden den Druckgenehmigungsnummern entnommen. Die Aufnahme kann kurz davor entstanden sein, aber nicht nach dem Datum der Genehmigung.

Impressum
BILD DER HEIMAT – Die ‹Echt-Foto›-Postkarten aus der DDR
Herausgegeben von Erasmus Schröter
Mit einem Text von Peter Guth
ISBN 3-89602-421-3

Gesamtgestaltung: Frank Wonneberg

Schwarzkopf & Schwarzkopf Verlag, Abt. Service,
Kastanienallee 32, 10435 Berlin
Service-Telefon: 030 / 44 33 63 00; Service-Fax: 030 / 44 33 63 044

Internet
Ausführliche Informationen zum Verlagsprogramm finden Sie auch im Internet. www.schwarzkopf-schwarzkopf.de / www.lexxxikon.de

eMail
info@schwarzkopf-schwarzkopf.de